查尔斯·达尔文自传

一位德国编辑写信给我，描述了我的思想和性格发展，并写了一些自传，我认为这样的尝试会让我感到有趣，并且可能会使我的孩子们或他们的孩子们感兴趣。我知道，即使读过这么短而愚钝的祖父的心意，自己写的东西，他的想法和行为以及他的工作方式，我也会非常感兴趣。我试图写下以下关于我自己的叙述，仿佛我是另一个世界的死者，回首我自己的生活。我也没有发现这困难，因为生活快要结束了。我毫不费力地写作。

我于1809年2月12日出生在什鲁斯伯里，我最早的回忆可以追溯到四岁那几个月，那时我们去了附近的享受海水浴，而我回忆起那里的一些活动和地点一些小区别。

我的母亲于1817年7月去世，当时我只有8岁多一点，奇怪的是，我几乎不记得她的任何东西，除了她的病床、黑色天鹅绒长袍和她好奇地构造的工作台。在同一年的春天，我被送往什鲁斯伯里的一家日间学校，在那里我住了一年。有人告诉我，我的学习比妹妹凯瑟琳要慢得多，而且我相信我在很多方面都是个顽皮的男孩。

到我上这所日间学校的时候（由凯斯·凯斯（．。）主持，在大街上担任一神教教堂的部长。但是他和他的兄弟都被洗礼并打算属于英国教会；而在他的童年时代之后，他似乎通常去了教堂，而不是去凯斯先生那里。詹姆斯的宪报"（1883年12月15日），他在教堂里竖立了一块壁画以纪念他，现在被称为"自由基督教教堂"。）我喜欢自然历史，尤其是收藏，非常发达。我试图找出植物的名字（沃·雷顿（.）是我父亲在凯斯先生的学校里的一个同学，记得他把一朵花带到学校，并说他的母亲通过看书房的内部来教他如何做。里顿先生继续说道："这极大地激起了我的注意力和好奇心，我一再向他询问如何做到这一点？"-但他的课很自然地无法传播。），并收集了各种物品，贝壳，海豹，坦率的邮票，硬币和矿物。对收集的热情使人成为有系统的博物学家，专家或苦难者，这在我心中非常强烈，而且显然是与生俱来的，因为我的兄弟姐妹中没有一个有这种品味。

在这一年中，有一件小事已经牢牢地固定在我的脑海里，我希望这样做是出于我的良心，后来我对此深感困扰。很好奇地表明，我很早就对植物的变异性感兴趣！我告诉另一个小男孩（我相信是里顿，后来成为了著名的地衣学家和植物学家），我可以用某些有色液体浇水来生产各种颜色的花椒和报春花，这当然是一个可怕的寓言，并且从来没有被我尝试过。我在这里也可以承认，作为一个小男孩，我被赋予发明故意的虚假行为的权利，而这样做总是为了引起兴奋。例如，我曾经从父亲的树上收集了很多有价值的水果，然后将其藏在灌木丛中，然后急忙奔波，以传播有关我发现了一大堆被盗水果的消息。

我第一次去学校时，我一定是一个非常朴素的小家伙。一个名叫加内特的男孩一天有一天带我去一家蛋糕店，买了一些他不付钱的蛋糕，因为店员信任他。当我们出来时，我问他为什么他不付钱，他立刻回答："为什么，你不知道我叔叔给镇上留下了一大笔钱，条件是每个商人都应该给想要的东西支付给戴旧帽子并以特定方式移动过的任何人？"然后他告诉我它是如何移动的。然后，他去了一家值得信赖的商店，索要一些小东西，以适当的方式移动帽子，当然不用付款就可以买到。当我们出来时，他说："现在，如果您想自己去那家蛋糕店（我记得它的确切位置有多好），我会借给您我的帽子，只要戴上帽子，您就可以得到想要的东西。你的头正确。"我很高兴接受了这个慷慨的报价，进去索要一些蛋糕，搬了顶旧帽子，正走出商店，当店员向我冲去时，我丢下了蛋糕，跑去度过了宝贵的生命，我的假友人加内特迎接大笑，大吃一惊。

我可以说对我有利，说我是一个人道主义的男孩，但这完全归功于我姐妹们的指导和榜样。我确实怀疑人类是天生的还是天赋的。我非常喜欢收集鸡蛋，但是我从来没有从燕窝里拿过一个鸡蛋，除非有一次，我拿走了所有鸡蛋，不是出于它们的价值，而是出于一种虚张声势。

我对钓鱼情有独钟，会在河岸或池塘边静坐好几个小时，看着浮游物；有人告诉我在梅尔（他叔叔的家，乔西亚·韦奇伍德住所）可以用盐和水杀死蠕虫，从那天起，我就再也不会吐出一条活的蠕虫,尽管这样做可能会损失一些成功的经验。

我曾经在一个白天上学的时候还是一个很小的男孩,或者在那个时候之前,我表现得很残酷,因为我相信,仅仅因为享受权力感,我就击败了一只小狗。但是殴打不可能是很严重的,因为那只小狗没有叫,我敢肯定,因为那个地方就在房子附近。正如我记得犯罪的确切地点所表明的那样,这一行径在很大程度上取决于我的良心。从那时起,我对狗的热爱就使一切变得更加沉重了,此后很长一段时间里,我都充满了激情。狗似乎知道这一点,因为我很熟练地从主人那里抢走了他们的爱。

我清楚地记得今年在先生期间发生的另一起事件。案例的日常学校,即埋葬一名龙骑兵士兵;令人惊讶的是,我仍然能清晰地看到那匹马的男人的空靴和马枪悬挂在马鞍上,在坟墓上开火。这个场面深深地激起了我内心的诗意。

在1818年夏天,我去了博士。巴特勒在什鲁斯伯里的一所好学校,并在那儿呆了7年,直到1825年仲夏,那时我才16岁。我在这所学校登机,这样我就拥有了一个真正的男生生活的巨大优势;但是由于到我家的距离几乎不超过1英里,所以我经常在晚上锁定之前和两次呼叫之间间隔较长的时间跑到那里。我认为,通过保持家庭感情和兴趣,在很多方面对我都有利。我记得在我学校生活的初期,我常常必须非常快地跑起来才能及时赶到,而成为一名车队跑步者通常是成功的。但是如果有疑问，我会恳切地向上帝祈祷，以帮助我，而且我还记得自己将自己的成功归功于祈祷，而不是归功于我的快速奔跑，这让我感到惊讶。

我听说父亲和姐姐说我很小的时候就很喜欢单身散步。但是我的想法我不知道。我经常变得专心致志，有一次，我在古老的防御工事的山顶什鲁斯伯里重返学校时，舒尔兹伯里已改建为一条公共道路，一侧没有护栏，但我走了下来，倒在地上，高度只有七或八英尺。然而，在这段短暂但短暂而又完全出乎意料的跌倒中，我脑海中浮现的想法之多令人惊讶，似乎与生理学家所证明的几乎不相容，我相信，每种想法都需要相当长的时间才能证明。

对于我的思想发展，没有什么比博士更糟了。巴特勒的学校严格按照古典进行，除了一点点古老的地理和历史之外，别无其他教导。在我看来，学校作为一种教育手段简直是一片空白。在我的整个一生中，我完全无法精通任何语言。特别重视诗歌创作，这是我永远做不到的。我有很多朋友，并且收集了很多旧经文，通过拼凑而成，有时在其他男孩的帮助下，我可以从事任何学科。认真注意了前一天的教训；当我在早上的教堂里时，我可以用很方便的设备，学习40或50行维吉尔或荷马，达到这个目的。但是这种练习是完全没有用的，因为每节经文都在48小时内被遗忘了。我不是闲着，除了功能化以外，我通常都认真工作，不使用婴儿床。我从这样的研究中获得的唯一乐趣来自某些贺拉斯的颂歌，我对此表示敬佩。

当我离开学校时，我的年龄既不高也不低。我相信我的所有主人和父亲都认为我是一个非常普通的男孩，而不是智力上的共同标准。父亲曾经对我说："除了投篮，养狗和捉老鼠，你什么都不在乎，这对你自己和整个家庭都是可耻的。"但是我父亲是我所认识的最善良的人，我全心全意地爱着他的记忆，当他使用这样的话时一定会生气，有些不公。

在学校生活中尽我所能回顾自己的性格，在这一时期，对未来充满希望的唯一特质是，我口味浓郁，口味多样，对我感兴趣的人都非常热心，并且对了解任何复杂的主题或事物。我是由一位私人补习老师教过的，而我清楚地记得清晰的几何证明给我带来了极大的满足感。我记得，我的叔叔（弗朗西斯·加尔顿的父亲）以与众不同的方式解释了气压计游标游标的原理，使我感到与众不同，这与科学无关。我很喜欢阅读各种书籍，我以前常常坐在学校厚厚的一扇旧窗户上阅读莎士比亚的历史剧，坐了几个小时。我还读了其他诗歌，例如汤姆森的《季节》，以及最近出版的拜伦和斯科特的诗歌。我之所以提到这一点，是因为我的后半生完全遗憾地失去了包括莎士比亚在内的任何形式的诗歌所带来的所有快乐。关于诗歌的愉悦，我还可以补充一点：在1822年的威尔士边界骑行之旅中，我首先唤醒了我对风景的生动愉悦，而这种愉悦的持续时间比任何其他审美愉悦都长。

在我上学的初期，我经常读过一个男孩的"世界奇观"副本，并且与其他男孩就某些陈述的真实性提出了异议。我相信这本书首先给了我一个到偏远国家旅行的愿望，"小猎犬"号的航行最终实现了这一愿望。在我学校生活的后半段，我非常喜欢射击。我不相信任何人比起射杀鸟儿，更能表现出最神圣的热情。我记得杀死第一次狙击手有多好，我的兴奋是如此巨大，以至于我很难从手的颤抖中重新装上枪。这种味道长期持续着，我成为了一个很好的镜头。在剑桥时，我习惯于在看镜之前先将枪举到肩膀上，然后看我是将笔直地举起。另一个更好的计划是让一个朋友挥舞着一支点燃的蜡烛，然后用乳头上的帽子向它开火，如果目标准确，那一点点的空气就会把蜡烛吹掉。瓶盖的爆炸导致尖锐的裂缝，有人告诉我大学的老师说："这是什么了不起的事情，达尔文先生似乎花了几个小时在他的房间里打马鞭，因为我经常当我经过他的窗户时，听到了裂缝。"

在男生中，我有很多朋友，我深爱着他们，而且我认为我的性格很亲切。

在科学方面，我继续以极大的热情收集矿物，但完全不科学-我所关心的只是一种新命名的矿物，因此我几乎没有尝试对其进行分类。我一定很少注意观察昆虫，因为当我十岁的时候（1819年）我在威尔士的海岸上走了三周到普拉斯爱德华兹，我对看到一只大型的黑色和猩红色的半球形昆虫非常感兴趣并且感到惊讶。，什罗普郡没有的许多飞蛾和蝉蝉。我几乎下定决心开始收集所有我可能会发现的昆虫，因为在咨询姐姐时我得出结论，为了收集昆虫而杀死昆虫是不正确的。从阅读怀特的"独居者"开始，我非常高兴地观察了鸟类的习性，甚至在这个问题上做了笔记。简而言之，我记得我想知道为什么每个绅士都没有成为鸟类学家。

在我学校生活快要结束的时候，我的兄弟努力地从事化学工作，并在花园里的工具室里建立了一个配备适当仪器的公平实验室，我被允许在他的大部分实验中帮助他作为仆人。他制造了所有气体和许多化合物，而且我认真阅读了几本有关化学的书，例如亨利和帕克斯的"化学教理主义"。这个科目使我非常感兴趣，我们经常经常工作到深夜。这是我在学校接受教育的最好部分，因为它几乎向我展示了实验科学的含义。我们在化学领域工作的事实在学校以某种方式广为人知，这是前所未有的事实，因此我被昵称为"气体"。我也曾被校长公开斥责。巴特勒，因为这样浪费我的时间在这些无用的话题上；他非常不公平地称呼我为""，而且由于我不明白他的意思，在我看来这是一种可怕的责备。

由于我在学校没有表现出色，父亲明智地将我带走了，年龄比平时要早得多，于是我（1825年10月）与我的兄弟一起送我到爱丁堡大学，在那里我住了两年或两堂课。我的兄弟正在完成他的医学研究，尽管我不相信他曾经真正打算从事医学研究，但我被派往那里开始研究。但是在这段时期过后不久，我在各种小情况下都确信父亲会给我足够的财产，使我可以安心地生活下去，尽管我从未想过我应该像我一样富有。但是我的信念足以阻止人们为学习医学而付出的一切努力。

在爱丁堡的教学完全是通过讲座进行的，这些讲座是令人无法忍受的，除了希望化学方面的讲座之外；但是在我看来，与阅读相比，讲座没有优点也有缺点。博士 邓肯在一个冬天的早晨8点钟的关于本草的演讲令人难以忘怀。-博士像他本人一样枯燥乏味地讲授人体解剖学，这使我很恶心。事实证明，不敦促我进行解剖，是我生命中最大的弊端之一，因为我很快就应该摆脱我的厌恶。这种做法对我今后的所有工作都是无价的。这是无可挽回的邪恶，也是我无能为力的结果。我还定期参加医院的临床病房。有些案件使我非常苦恼，但我仍然有些生动的图画摆在我面前。但是我并没有那么愚蠢到允许我减少出席的机会。我不明白为什么我的医学课程这一部分对我没有更大的兴趣；因为在去爱丁堡之前的夏天，我开始参加一些穷人，主要是什鲁斯伯里的儿童和妇女：我写下了所有情况下的所有症状的完整叙述，然后大声朗读给父亲，谁提出了进一步的询问，并建议我给自己服用哪些药物。一次我至少有十几个病人，我对这项工作产生了浓厚的兴趣。我的父亲是迄今为止我所认识的最好的性格判断者，他宣布我应该成为一名成功的医师，这意味着这个医师将吸引许多患者。他坚持认为，成功的主要要素是令人振奋的信心。但是他在我身上看到的东西使他相信我应该建立信心，但我不知道。我还两次参加了在爱丁堡医院的手术室，看到了两次非常糟糕的手术，一次是对一个孩子的手术，但是我在手术完成之前就匆匆离开了。我也再也没有参加过，因为几乎没有什么诱因足以使我这样做。这在氯仿有福的日子之前就已经很久了。这两个案件困扰了我很多年。

我弟弟只在大学里呆了一年，所以第二年我被自己留了下来。这是一个优势，因为我熟悉了几位喜欢自然科学的年轻人。其中之一就是安斯沃思，后来他发表了在亚述的旅行。他是一位韦弗纳人的地质学家，对许多科目一窍不通。博士是一个与众不同的年轻人，他是一个基本，正式，虔诚，最善良的年轻人。之后，他发表了一些很好的动物学文章。第三个年轻人是强壮的人，我认为他本来可以成为一名优秀的植物学家，但死于印度早期。最后，博士 准许，我的大四生，但我如何结识他，我不记得了；他发表了一些一流的动物学论文，但是到伦敦当了大学教授之后，他在科学上只做了一点，这对我来说一直是无法解释的。我很了解他；他干而拘谨，外表皮底下充满热情。有一天，当我们一起散步时，对拉马克及其对进化的看法表示钦佩。我默默地惊讶地听着，据我所知，对我的思想没有任何影响。我以前读过我祖父的"动物学"，其中保留了相似的观点，但对我没有任何影响。但是，很可能是在生命的早期就听到并保持并赞美这种观点，这可能会有利于我在我的"物种起源"中以不同的形式坚持这些观点。在这个时候，我非常钦佩"动物模拟"；但是隔了十年或十五年后第二次阅读时，我很失望。投机占事实的比例如此之大。

博士 格兰特和寒流极大地参与了海洋生态学工作，我经常陪同前者在潮汐池中收集动物，并尽我所能进行了解剖。我也和一些纽黑文的渔民成为朋友，有时在拖网捕牡蛎时陪伴他们，因此得到了很多标本。但是由于没有定期进行解剖，以及仅拥有一个可怜的显微镜，我的尝试非常糟糕。但是，我做了一个有趣的小发现，并在1826年初阅读了一篇有关普林尼安社会之前的主题的简短论文。这就是所谓的卵具有通过纤毛独立运动的能力，实际上是幼虫。在另一篇简短的论文中，我证明了那些原本应该是岩藻年轻状态的小球状体是蠕虫状浮游动物壁栗的卵壳。

相信学会受到鼓舞，我相信是教授创立的：它由学生组成，在大学的一个地下房间里开会，目的是阅读自然科学论文并进行讨论。我经常参加，这些会议对激发我的热情和结识新朋友产生了很好的效果。一天晚上，一个可怜的年轻人起身，经过一段漫长的时间，脸红了绯红色，最后，他终于慢慢说出了这样的话："总统先生，我忘记了我要说的话。"这个可怜的家伙看上去很不知所措，所有成员都感到惊讶，以至于没人能说出一句话来掩饰他的困惑。读给我们小社会的论文没有打印出来，所以我不满意看到我的论文打印出来；但是我相信。格兰特在他关于的精彩回忆录中注意到了我的一个小发现。

我也是皇家医学会的成员，并定期参加。但是由于这些受试者仅是医学科目，因此我对它们并不太在意。那里有很多垃圾，但是有一些不错的发言人，其中最好的是现任爵士先生。凯·沙特尔沃思。博士 格兰特偶尔带我去参加社会的会议，在会议上阅读，讨论各种有关自然历史的论文，然后发表在"交易"中。我听说奥杜邦在那里发表了一些有关习性的有趣的论述。美国鸟类，在沃特顿有点不公正地嘲笑。顺便说一句，一个黑人住在爱丁堡，他和沃特顿一起旅行，并通过给鸟塞填充来谋生，他做得非常好：他给了我上课的钱，我经常和他坐在一起，因为他是一个非常愉快而聪明的人。

先生。伦纳德·霍纳也带我去了爱丁堡皇家学会的一次会议，在会议上我看到沃尔特·斯科特爵士担任主席，他为这次会议表示歉意，因为他不适合担任这一职位。我看着他，并在整个场景有一些敬畏和崇敬，我认为这是我的青春期间由于这次访问，和我已经参加了英国皇家医学会，我觉得几年前被选为荣誉这两个社会的荣誉会员，比任何其他类似荣誉都要多。如果我有那个时候，我应在一天因此已经履行了告知，我声明我应该以为这是荒谬的和不可能的，因为如果我被告知，我应该当选英国国王。

在爱丁堡的第二年，我参加了-的关于地质学和动物学的讲座，但是这些讲座非常乏味。他们对我产生的唯一影响是，只要我还没有读过关于地质学的书籍，或者以任何方式学习科学，就永远没有决心。但是我确信我已经准备好对该主题进行哲学处理了；为一位老先生 萨罗普郡的棉花人对岩石了解很多，但在两三年前，他向我指出了什鲁斯伯里镇上一个著名的大石怪，叫做"钟形石"。他告诉我，没有比坎伯兰或苏格兰更近的同类岩石了，他郑重向我保证，在任何人都无法解释这块石头如何到达现在的位置之前，世界将终结。这给我留下了深刻的印象，我在这块奇妙的石头上沉思。这样一来，当我第一次读到冰山在运送巨石中的作用时，就感到最高兴，并为地质学的发展感到自豪。同样令人惊讶的是，尽管我现在才六十七岁，但他在索尔兹伯里克雷格斯的一次实地演讲中听到了这位教授的讲话，劝说他的陷阱是梯形，两边都有杏仁状的边缘和地层，周围遍布火山岩我们说这是一个裂缝，上面充满了沉积物，还冷笑着说有人坚持认为它是在熔融状态下从下方注入的。当我想到这堂课时，我毫不奇怪我决定从不参加地质学。

从参加-的演讲起，我结识了博物馆的策展人先生。，其后出版了一本关于苏格兰鸟类的大型且出色的书。我和他进行了很多有趣的自然历史谈话，他对我很友善。他给了我一些稀有的贝壳，因为那时我收集了海洋软体动物，但没有热情。

这两年我的暑假完全放弃了娱乐，尽管我总是手头上有几本书，对此我很感兴趣。在1826年夏天，我和两个朋友一起背着背包徒步穿过北威尔士，进行了长时间的徒步旅行。我们大多数日子走了30英里，包括一日升雪的日子。我还和姐姐一起去了北威尔士骑行，一位仆人带着鞍袋提着我们的衣服。秋天主要用于拍摄先生。欧文，伍德豪斯和我的叔叔乔斯（ ．伊特鲁里亚创始人的儿子）在梅尔。我的热情非常高涨，以至于我上床睡觉时经常将我的射击靴放到床边，以免在早上穿上半分钟。有一次，我在8月20日到达了玛尔庄园的一个遥远地方，进行黑游戏射击，然后才得以看见：然后，我整天在茂密的荒地和年轻的苏格兰冷杉上辛苦了。

我准确记录了整个赛季我射的每只鸟。有一天，我与长子欧文上尉和他的表弟欧文上尉在伍德豪斯开枪，后来伯维克勋爵（我都非常喜欢），每次开除并以为我之后，我都以为自己可耻地利用了这两个地方，杀死了一只鸟，两只鸟中的一只仿佛在装枪，然后喊道："我不可以同时射击那只鸟，"那位游戏管理员察觉到了这个笑话，将它们备份了。几个小时后，他们告诉了我这个玩笑，但这对我来说不是个玩笑，因为我拍摄了很多鸟，但是不知道有多少鸟，也无法将它们添加到我的清单中，我以前这样做是为了系在纽扣孔上的一根绳子上的一个结。我邪恶的朋友们已经意识到了这一点。

我怎么喜欢射击！但是我想我一定对自己的热情感到半自以为耻，因为我试图说服自己射击几乎是一种智力上的工作。判断在哪里可以找到最多的游戏并很好地猎杀狗需要大量的技巧。

我在1827年对梅尔的秋季访问中，有一次令人难忘。麦金托什，他是我听过的最好的对话者。后来我自豪地听到他说过："那个年轻人有些让我感兴趣的东西。" 这主要是由于他的理解，我对他所说的一切都非常感兴趣，因为我对他的历史，政治和道德哲学学科像猪一样无知。我认为，听到一位杰出人士的称赞，尽管无疑会激发或肯定会激发虚荣心，但对年轻人来说却是一件好事，因为这有助于使他保持正确的方向。

在接下来的两三年中，无论秋季拍摄如何，我对梅尔的访问都非常愉快。那里的生活完全自由；这个国家散步或骑马都很愉快；晚上有很多非常愉快的谈话，不像一般的大型家庭聚会那样私人化，而且还有音乐。夏季，全家人常常坐在老门廊的台阶上，前面是花圃，对面的房子对面是陡峭的林木，倒映在湖中，鱼在这里游荡或流水。-划桨的鸟。在梅尔的这些夜晚，没有什么比这更让我印象深刻了。我也很喜欢我的叔叔乔斯。他沉默寡言，有所保留，以致成为一个相当可怕的人。但他有时会和我公开交谈。他是最正直的人，有最明确的判断力。我不相信地球上的任何力量都会使他偏离他认为正确的路线的距离。我曾经在他的脑海里应用著名的贺拉斯颂歌，现在我已将其忘却，其中出现了"等"字样。

（

非民间热气概

非瞬时致暴

。）

剑桥1828-1831。

父亲在爱丁堡呆了两堂课后，我父亲或我从姐妹们那里得知，我不喜欢当医生的想法，因此他提议我应该成为一名牧师。他非常强烈地反对我变成一个无所事事的运动者，那时这似乎是我可能的归宿。我花了一些时间考虑一下，因为从我对这个主题几乎没有听到或思考过，我对宣布自己对英国教会的所有教条都抱有怀疑。尽管除此之外，我还是喜欢当乡村牧师的想法。因此，我认真阅读了《皮尔森信条》和其他几本关于神性的书。而且因为我那时至少没有怀疑圣经中每个单词的严格和字面意思，所以我很快就说服自己，我们的信条必须被完全接受。

考虑到我受到正统派攻击的激烈程度，我曾经打算当一名牧师似乎很可笑。这个意图和父亲的愿望也从未放弃过，但是当我离开剑桥时，我以自然主义者的身份加入了"小猎犬"而自然死亡。如果要使颅相科医生值得信赖，那么我在某一方面非常适合担任牧师。几年前，德国心理学会的秘书们以信诚恳地问我一张自己的照片。一段时间后，我收到了一次会议的议事录，在那次会议上，我的头颅似乎已经成为公开讨论的主题，而其中一位发言者则宣布，我有十个人的崇高敬意牧师

由于决定要成为一名牧师，我有必要去其中一所英语大学并获得学位；但是由于我自放学以来从未打开过经典书籍，令

我沮丧的是，在这两年间，我实际上已经忘记了，看起来似乎令人难以置信，几乎我所学到的一切，甚至对一些希腊人来说字母。因此，我没有在10月的正常时间去剑桥，而是在舒兹伯利与一位私人补习社一起工作，并于1828年初圣诞节假期后去剑桥。我很快恢复了我的学校知识水平，并且可以轻松地学习希腊语。设施适中的书籍，如荷马和希腊遗嘱。

就我在剑桥度过的三年时间而言，就学术研究而言，我的时间被浪费了，就像在爱丁堡和在学校里一样。我尝试了数学，甚至在1828年夏天与一位私人补习生（一个非常乏味的人）一起去了巴茅斯，但是我的学习进展非常缓慢。这项工作使我感到讨厌，主要是因为我在代数的早期步骤中看不到任何意义。这种不耐烦是非常愚蠢的，几年后，我感到非常遗憾，因为我没有走得足够远，至少无法理解一些伟大的数学领先原理，因为这样赋予的人似乎有一种额外的感觉。但我不相信我应该曾经取得过非常低的成绩。关于经典，除了参加一些强制性的大学讲座外，我什么也没做，而且出席率几乎是名义上的。在第二年，我不得不工作一两个月才能通过小事，这很容易做到。再次，在去年的最后一个学士学位课程中，我认真地工作，并修习了我的经典著作，以及一些代数和欧几里得，欧几里得给了我很多的乐趣，就像在学校一样。为了通过文学学士学位考试，还必须掌握格雷的"基督教证据"和他的"道德哲学"。这项工作是彻底进行的，我坚信我可以完全正确地写出所有"证据"，但当然不能用苍白的清晰语言写出来。本书的逻辑以及我可能会补充的他的"自然神学",给我像欧几里德一样的喜悦。对这些作品的认真研究,而不是试图死记硬背,是学术课程中的唯一部分,正如我当时所认为并且仍然相信的那样,这对我的思想教育没有多大用处。那时我没有为格雷的住所烦恼。并信任他们,使我为长长的争论所迷住并感到信服。通过很好地回答苍白的考试问题,做得很好的幽默以及在经典中不失败,我在那些不追求荣誉的人中占据了一个很好的位置。奇怪的是,我不记得自己站多高,记忆力在清单上的第五,第十或第十二个名字之间波动。(1831年1月列表中的第十。)

该大学在几个分支机构进行了公开演讲,参加是相当自愿的;但是我对在爱丁堡的演讲感到厌倦,以至于我什至没有参加塞奇威克雄辩而有趣的演讲。我是否做过,所以我应该早于成为地质学家。但是,我参加了亨斯洛关于植物学的讲座,并且由于它们的极端清晰和令人赞叹的插图而非常喜欢它们。但是我没有学植物学。亨斯洛过去常常带他的学生,包括大学里的几名年长成员,徒步或乘长途汽车去郊游,到遥远的地方,或在河边的驳船上,并讲授观察到的稀有动植物。这些旅行令人愉快。

尽管,正如我们现在将要看到的那样,我在剑桥的生活中有一些救赎的功能,可惜我的时间在那里浪费,而不是浪费。从我对射击和狩猎的热情,到失败之后,为了在全国范围内骑行,我进入了运动场,其中包括一些消散的低胸青年。我们曾经经常在晚上一起吃饭，尽管这些晚餐通常包括较高级别的人，而且我们有时会喝得太多，之后会欢快地唱歌和打牌。我知道我应该为这样度过的白天和晚上感到愧，但是由于我的一些朋友非常愉快，而且我们都精神振奋，所以我不禁高兴地回顾这些时代。

但是我很高兴想到我还有许多性质迥异的朋友。我对惠特利非常亲切（惠特利牧师，坎特伯雷·坎普·坎特·怀特，本职是达勒姆大学自然哲学的读者。）后来成为牧马人，我们经常一起散步。他给我接种了图片和精美的雕刻品，我买了一些。我经常去画廊，我的品味一定还不错，因为我很欣赏与老策展人讨论过的最好的照片。我也很感兴趣地读了约书亚·雷诺兹爵士的书。这种味道虽然对我来说并不自然，却持续了好几年，伦敦国家美术馆的许多照片给了我很多乐趣。塞巴斯蒂安·德尔·皮姆博（　）的那种让我感到崇高的感觉

我还参加了音乐剧，我相信我的朋友赫伯特（已故的约翰·莫里斯·赫伯特，已故的卡迪夫和蒙茅斯巡回法院法官约翰·莫里斯·赫伯特）取得了牧马人的高学位。通过与这些人交往并聆听他们的演奏，我对音乐产生了浓厚的品味，并且经常用于安排步行时间，以便在工作日中听到国王大学教堂里的国歌。这给了我极大的乐趣，因此我的脊椎有时会发抖。我确信这种味道不会引起任何影响或仅是模仿，因为我通常自己一个人去国王大学读书，有时我雇了一个男律师在我的房间里唱歌。然而，我的耳朵简直是个笨拙，以至于我无法

感觉到不和谐，也无法保持时间和嗡嗡作响。我如何从音乐中获得乐趣是一个谜。

我的音乐朋友很快就意识到了我的状态，有时让我通过考试使自己发笑，这包括确定当我演奏它们比平常更快或更慢时我能认出多少曲调。如此玩耍时，"上帝救救国王"是一个痛苦的难题。还有一个男人的耳朵几乎和我的耳朵一样糟糕，奇怪的是他在长笛上弹了一点。有一次我有一次在我们的音乐考试中击败他的胜利。

但是对剑桥的追求却没有那么热切，也没有像收集甲虫那样给我带来很多乐趣。这仅仅是收集的热情，因为我没有剖析它们，也很少将它们的外部特征与已发布的描述进行比较，但是无论如何都将它们命名。我要证明我的热情：一天，在撕下一些旧的树皮时，我看到了两只罕见的甲虫，每只都抓住了一只。然后我看到了第三种和新的种类，我舍不得失去它，于是我将右手握住的那一种弹出了我的嘴。唉！它喷射出强烈的刺激性液体，烧伤了我的舌头，使我被迫将甲虫吐出，第三只也被丢掉了。

我在收集方面非常成功，并发明了两种新方法；我在冬天雇了一个工人去刮，把老树上的苔藓掉下来，装在一个大袋子里，同样地，在从芦苇中带出芦苇的驳船底部收集垃圾，因此我得到了一些非常稀有的东西。种类。没有任何诗人比我在斯蒂芬的"英国昆虫插图"中看到的神奇单词"被约克·达尔文俘获"更高兴。我的第二个堂兄。达尔文·福克斯（

达尔文·福克斯），一个聪明又最令人愉悦的人，那时他就读于基督大学，并且与我变得极为亲密。此后，我结识了我，并以阿尔伯特的三位一体的方式外出收藏，此后几年他成为了著名的考古学家。也与。同一个学院的汤普森，后来是领先的农业学家，大铁路董事长和国会议员。因此，收集甲虫的味道似乎预示着生活中未来的成功！

我很惊讶我在剑桥捕捉到的许多甲虫都留下了难以磨灭的印象。我可以记住某些职位，老树和河岸的确切外观，在这些地方我能很好地捕捉到。那时那只漂亮的凤尾鹦鹉主要是珍宝，在这里下来，我看到一只甲虫在步行中奔跑，捡起来时立刻意识到它与略有不同。关键-关键是。，仅是一个变种或密切相关的物种，轮廓略有不同。我从没见过活着的里金斯犬，那只没有受过教育的眼睛与许多黑色的甲虫几乎没有什么不同。但是我的儿子们在这里发现了一个标本，我立即意识到这对我来说是新的。但过去二十年来，我从未看过英国甲虫。

我还没有提到对我的整个职业影响最大的情况。这是我和亨斯洛教授的友谊。在上剑桥之前，我从哥哥那里听说过他，因为他是一个了解科学的各个方面的人，因此，我准备尊重他。当所有的本科生和一些对科学感兴趣的大学老成员晚上开会时，他每周都会开放一次。我很快通过狐狸收到了邀请，并定期去了那里。不久我就熟悉了汉斯洛，在大部分时间里，我在剑桥度过了很长一段时间。所以我被一些唐人称为

"与汉斯洛同行的人"；晚上，我经常被邀请参加他的家庭晚餐。他在植物学，昆虫学，化学，矿物学和地质学方面的知识非常丰富。他最强的品味是从长时间连续的观察中得出结论。他的判断力极好，头脑全都平衡；但是我不认为有人会说他拥有很多原始天才。他非常虔诚，正统，以至于有一天他告诉我，如果对39条文章中的一个词进行修改，他应该感到悲伤。他的道德品质在各个方面都令人钦佩。他没有任何虚荣心或其他琐事的色彩；我从来没有见过一个对自己或自己的忧虑很少思考的人。他脾气暴躁，举止得体，举止得体。但是，正如我所看到的那样，任何不当行为都会激怒他，以最热烈的愤慨和迅速的行动。

我曾经在他的公司的剑桥大街上看到几乎像法国大革命期间所见那样恐怖的景象。两名抓人抢劫者被捕，并在监狱中被一群最粗暴的人撕下，从他们的腿上沿着泥泞，石质的道路拖着他们。他们头到脚都沾满了泥土，他们的脸因被踢或石头而流血；他们看上去像尸体，但是人群如此密集，以至于我只瞥见了那可怜生物的瞬间。我一生中从未见过像汉斯洛在这个可怕的场景中那样在男人的脸上画出的愤怒。他反复试图穿透暴民。但这根本不可能。然后他赶到市长，告诉我不要跟着他，而是要招募更多的警察。我忘记了这个问题，只是两个人没有被杀入狱。

亨斯洛的仁慈无尽，正如他为穷苦的教区居民所做的许多出色计划所证明的那样，几年后，他担任了希察姆的生活。我与这样一个男人的亲密关系本来应该是，而且我希望是一种无法估量的好处。我忍不住提起一件小事，这表明了他的善意。在检查潮湿表面上的一些花粉粒的同时，我看到试管已伸出，并立即赶赴向他传达我的惊人发现。现在，我认为没有其他植物学教授能够如此匆忙地进行这样的交流来嘲笑我的到来。但是他同意这种现象有多有趣，并解释了其含义，但让我清楚地了解了这种现象的认识。因此，我没有让他感到最沮丧，但很高兴为自己发现了如此杰出的事实，但又决定不再急于再次传达我的发现。

博士 惠威尔是有时拜访汉斯洛的年长而杰出的人之一，我有几次晚上和他一起回家。爵士先生旁边 麦金托什他是我听过的最严肃的话题交流者。伦纳德·詹尼斯（著名的索纳·詹宁斯是詹宁斯先生的父亲的表亲），后来发表了一些自然历史上的好文章（詹宁斯先生（现为先生）描述了这条鱼是出于"小猎犬"的生态学目的；以及是许多论文的作者，主要是动物学的论文。）通常与亨斯洛在一起，亨斯洛是他的子。我在芬斯边境的牧师区拜访了他，并与他进行了许多良好的散步和谈论自然历史。我也结识了几位比我大的男人，他们并不十分关心科学，但他们是汉斯洛的朋友。一个人是苏格兰人，亚历山大·拉姆齐爵士的兄弟，耶稣大学的导师：他是一个令人愉悦的人，但是没有活很多年。另一个是先生。达斯，后来是赫里福德的院长，以在穷人教育方面的成功而闻名。这些人和地位相同的其他人，以及汉斯洛，有时被用来进行遥远的郊游，而我被允许参加这个国家，他们非常满意。

回顾过去，我推断我体内肯定有某种东西要比普通年轻人略胜一筹，否则上述人比我大得多，而且学历也更高，他们绝对不会允许我与他们交往。当然，我还没有意识到这种优势，我还记得我的一个运动朋友特纳，他们看到我和甲虫一起工作，说我有一天应该成为皇家社会的一员，这个想法在我看来荒谬。

在剑桥的最后一年中，我细心地阅读了洪堡的"个人叙事"。这项工作，爵士先生。赫歇尔的"自然哲学研究导论"在我心中激起了强烈的热情，甚至为自然科学的崇高结构做出了最卑微的贡献。没有一本书或十二本书对我的影响如此之大。我从洪堡长篇小说中抄袭了有关的长篇文章，并在上述游览之一中大声朗读了它们（以为，和），因为在以前的场合，我曾谈到过的辉煌，一些党派宣布他们将努力去那里；但我认为他们只有认真的一半。但是，我很认真，向伦敦的一位商人介绍了有关船只的信息。但是这个计划当然是被"小猎犬"号的航行撞倒了。

我的暑假被放弃去收集甲虫，读书和短途旅行。在秋天，我一生都致力于拍摄，主要是在伍德豪斯和马尔，有时是与年轻的伊顿·伊顿。总的来说，我在剑桥度过的三年是我一生中最快乐的一天。因为那时我身体健康，而且几乎总是精神振奋。

正如我起初圣诞节那天去剑桥时一样，我在1831年年初通过期末考试后被迫保留两个学期。然后汉斯洛说服我开始进行地质学研究。因此，在我回到萨罗普郡时，我检查了各个部分，并为什鲁斯伯里周围的零件地图着色。塞奇威克教授打算在八月初访问北威尔士，以便在较古老的岩石中进行著名的地质调查，亨斯洛请他允许我陪伴他。（在这次旅行中，我父亲曾经讲过一个关于塞奇威克的故事：他们是从一个旅馆开始的，早晨走了一英里或两英里，当时塞奇威克突然停了下来，并发誓他会回来，并确定"该死的"无赖"（服务员）没有给女服务员为此目的托付的六便士。他最终被说服了，放弃了这个项目，因为没有理由怀疑服务员有特别的表现。睡在我父亲的房子里

今晚与他简短的交谈使我印象深刻。一个工人在检查什鲁斯伯里附近的一个旧的砾石坑时，告诉我他在其中发现了一块破旧的热带蜗壳，例如在烟囱中看到的小屋。由于他不出售这种贝壳，我确信他确实在坑中找到了它。我告诉塞奇威克这个事实，他立刻（毫无疑问地）说，一定有人把它扔进了坑里。但随后补充说，如果真的埋葬在那里，那将是地质学的最大不幸，因为它将推翻我们对中部县县浅表沉积物的所有了解。这些砾石床实际上属于冰川期，几年后，我发现其中有破碎的北极壳。但后来我对塞奇威克感到非常惊讶，他不为如此奇妙的事实感到高兴，因为在英格兰中部的地表附近发现了热带贝壳。尽管我读过各种科学书籍，但以前没有

任何事情使我彻底意识到，科学在于对事实进行分组，以便可以从中得出一般规律或结论。

第二天早上，我们开始了兰戈伦，康韦，班戈和卡皮尔·库里格。这次旅行在教我如何了解一个国家的地质方面具有决定性的用途。塞奇威克经常派我去与他平行的线上，告诉我带回岩石标本并在地图上标记分层。我毫不怀疑他这样做是出于我的利益，因为我太无知了，无法帮助他。在这次巡回演出中，我有一个引人注目的实例，那就是在任何人观察到这些现象之前，不管它们多么明显，都可以忽略它们。我们在 花了很多小时，非常小心地检查了所有岩石，因为塞奇威克渴望在其中找到化石。但是我们俩都没有看到周围所有奇妙的冰川现象。我们没有注意到明显划过的岩石，栖息的巨石，侧面和末端的沟壑。然而，这些现象是如此显着，以至于我多年后在《哲学杂志》（《哲学杂志》，1842年）上发表的一篇论文中宣称，一栋房屋被大火烧毁并没有比这更清楚地讲述其故事。谷。如果它仍然被冰川填充，那么这种现象将不像现在那样鲜明。

在卡佩尔·库里格，我离开塞奇威克，沿指南针笔直走，穿过山脉到巴尔茅斯，除非遵循我的路线，否则从不走任何路。因此，我来到了一些陌生的荒野上，并且非常喜欢这种旅行方式。我去了巴茅斯，看到一些在剑桥读书的剑桥朋友，然后回到了什鲁斯伯里和梅尔去射击。因为那时我应该以为自己疯了，放弃鹧鸪拍摄的第一天，地质学或其他任何科学。

""小猎犬"号从1831年12月27日至1836年10月2日的航行。"

从北威尔士短暂的地质之旅返回家中时，我发现了亨斯洛的来信，告诉我菲茨罗伊上尉愿意将自己的部分小屋舍给任何愿意自愿与他同行的年轻人，博物学家对"小猎犬"号的航行感到满意。我相信，我已经给了我女士。记录当时发生的所有情况；我在这里只说我立即急于接受这个提议，但父亲强烈反对，并添加了一些文字，这对我来说是幸运的，"如果您能找到任何有常识的人建议您离开，我会表示同意。" 所以我那天晚上写了信，拒绝了这个提议。第二天早上，我去玛尔准备9月1日，在外景拍摄期间，我的叔叔（乔赛亚·韦奇伍德（ 。））派我来，愿意开车送我去什鲁斯伯里并和我父亲谈谈，就像我叔叔想的那样。我接受这个提议是明智的。我父亲一直坚称他是世界上最明智的人之一，他立刻以最友好的方式表示同意。我当时在剑桥很奢侈，为了安慰父亲，我说："在"小猎犬"号上，我应该被骗出花掉我余下的钱的聪明；" 但是他笑着回答："但是他们告诉我你很聪明。"

第二天，我开始去剑桥看汉斯洛，然后去伦敦看菲茨·罗伊，一切很快就安排好了。之后，我变得非常熟悉-，听说我由于鼻子的形状而被拒绝的风险很小！他是虔诚的信徒，并且坚信他可以通过人物的轮廓来判断一个人的性格。他怀疑我鼻子上的任何人是否有足够的精力和决心去航行。但是我想他以后对我的鼻子说错话感到很满意。

菲茨罗伊的性格是一个奇异的人物，具有许多高贵的特征：他专心致志，乐于助人，勇敢，果断且顽强地表现出自己的职责，并且是在他的掌控之下热忱的朋友。他会冒任何麻烦去帮助那些他认为应该得到帮助的人。他是一个英俊的男人，举止像绅士，举止极为礼貌，这与他的叔叔叔叔著名的卡斯尔雷格勋爵的举止相似，正如里约大臣告诉我的那样。然而，他一定是从查理二世继承了许多外表，因为他是博士。沃里奇给了我他所拍摄的照片集，而我的印象与菲茨·罗伊的相似之处令我震惊。在看这个名字时，我发现了它。。索比斯基·斯图尔特，达·阿尔巴尼伯爵（'），同一君主的后裔。

菲茨罗伊的脾气是最不幸的。通常这通常是在清晨最糟糕的时候，用他的鹰眼他通常可以察觉到这艘船上有什么毛病，然后责备他。他对我很友善，但他是一个很难与亲密的人同住的人，这是我们在同一间小屋里被我们自己弄乱之后必然产生的。我们吵了几次；例如，在巴西巴伊亚航行中，他捍卫并赞扬了我废除的奴隶制，并告诉我他刚刚拜访了一位伟大的奴隶主，他召集了许多奴隶，问他们是否很高兴，是否想自由，所有人都回答"不"。然后我也许会冷笑着问他，他是否认为奴隶在他们主人面前的回答值得吗？这使他非常生气，他说，由于我怀疑他的话，我们不能再生活在一起了。我以为我应该被迫离开船。但是，消息很快就传开了，因为机长派遣第一中尉通过虐待我来减轻他的愤怒，我收到所有持枪房间官员的邀请来使他们感到混乱，对此我感到非常满意。但是几个小时后，菲茨·罗伊（-）向他道歉，并要求我继续与他住在一起，以此向他展示了他一贯的宽容。

从几个方面来说，他的性格是我所知过的最高贵的人物之一。

迄今为止，"小猎犬号"的航行是我一生中最重要的事件，并决定了我的整个职业生涯。但是，这取决于我叔叔愿意开车将我驱车三十英里到什鲁斯伯里的情况，而叔叔很少这样做，还取决于我鼻子的形状。我一直觉得我是在航程中才想到真正的第一次真正的训练或教育；我被带去密切关注自然历史的几个分支，因此尽管它们总是相当发达的，但我的观察力却得到了提高。

由于这里的推理开始起作用，对所有访问过的地方的地质情况进行调查就变得更加重要。首先检查一个新的区域，没有什么比岩石的混乱看起来更无望了；但是通过记录岩石和化石在许多点上的分层和性质，总是进行推理并预测在其他地方会发现什么，该区域很快就会开始出现曙光，整个结构或多或少可以理解。我带来了莱尔的第一卷《地质学原理》，我对此进行了认真的研究。而且这本书在许多方面对我有最高的帮助。我检查的第一个地方，即圣。佛得角群岛上的贾戈清楚地向我展示了莱尔对待地质的方式的奇妙优势，与我和我一起或以后读过的其他任何作者相比。

我的另一项职业是收集各种动物，简要地描述和粗略地剖析许多海洋动物。但由于无法绘制，以及缺乏足够的解剖学知识，因此造成了很大的麻烦。事实证明，我在航行中所做的几乎没有用。因此，我花了很多时间，除了花费一些时间来获得一些甲壳类的知识，因为几年后我接受了有关卷柏科的专论时，这是有用的。

在一天中的某段时间里，我写了日记，并竭尽全力地认真，生动地描述了我所见过的一切。这是一个好习惯。我的日记在某种程度上也作为给我家的信，并且每当有机会时就将部分日记本发送到英国。

然而，与精力充沛的行业习惯和对我后来从事的事业的集中注意力的习惯相比，上述各种专门研究并不重要。我认为或阅读的所有内容都直接取决于我已经看到或可能看到的内容；在航程的五年中，这种习惯一直持续着。我确信正是这次培训使我能够做自己在科学领域所做的一切。

向后看，我现在可以理解我对科学的热爱如何逐渐超越了其他口味。在最初的两年中，我对射击的狂热几乎得以保留，我为自己收藏的所有鸟类和动物射击。但是逐渐地，由于射击干扰了我的工作，尤其是确定一个国家的地质结构，我越来越多地将枪支最终交给了我的仆人。我发现，尽管不知不觉和麻木不仁，但观察和推理的乐趣远比技巧和运动的乐趣高。我的父亲在我的航行中的追求使我的思想得以发展，而父亲是我见过的最敏锐的观察者，他对此持怀疑态度，并且远不是颅相学的信奉者；因为航行后第一次见到我，他转过身对我的姐妹们说："为什么，他的头形已经完全改变了。"

返回航程。（1831年9月11日），我与菲茨·罗伊（-）乘飞机前往普利茅斯的"小猎犬"。从此向什鲁斯伯里祝愿我的父亲和姐妹们再见。10月24日，我在普利茅斯住了下来，一直待在那里，直到12月27日，"小猎犬"终于离开英国海岸，开始环游世界。我们曾进行过两次较早的航行尝试，但每次都被大风击退。虽然在普利茅斯的这两个月是我度过的最痛苦的日子，尽管我以各种方式表现自己。想到要离开我所有的家人和朋友这么长的时间，我很生气，天气对我来说似乎是令人沮丧的。我也为心脏的心慌和痛苦感到困扰，就像许多年轻的无知男人，尤其是那些拥有少量医学知识的年轻人一样，我也确信自己患有心脏病。我没有咨询任何医生，因为我完全希望听到关于我不适合航行的裁决，因此我决心避免一切危险。

我不必在此提及航行的事件-我们去过的地方和所做的事情-因为我在已发表的期刊中已充分说明了这一点。目前，热带植被的荣耀比其他任何事物都更加生动。尽管那种崇高的感觉使巴塔哥尼亚的大沙漠和蒂埃拉德尔菲戈的森林茂密的山脉让我兴奋，但这种印象却在我心中留下了不可磨灭的印象。在他的祖国裸露野蛮人的景象是一个永远不会忘记的事件。我在野外或乘船旅行的许多短途旅行很有趣，其中一些旅行持续了几个星期：他们的不适感和一定程度的危险在当时几乎没有缺点，此后再也没有。我对我的一些科学工作也非常满意，例如解决了珊瑚岛的问题，并弄清了某些岛屿的地质结构，例如圣克鲁斯。海伦娜。我也不必将发现存在于加拉帕戈斯群岛几个岛屿上的动植物与所有物种之间的奇异关系的发现传授给南美洲的居民。

据我自己的判断，我在航行中竭尽全力是出于单纯的调查乐趣，并出于我强烈希望在自然科学的大量事实中增加一些事实的强烈愿望。但我也雄心勃勃地在科学界中占据一席之地，无论是雄心勃勃还是比大多数同事都雄心勃勃，我无可厚非。

圣乔治地质 子非常醒目，却很简单：熔岩流以前流过海床，由最近磨碎的贝壳和珊瑚形成，并烤成坚硬的白色岩石。从那时起，整个岛屿都发生了动荡。但是白色的岩石线向我揭示了一个新的重要事实，那就是后来火山口周围一直沉陷，此后火山口一直在活动，并倾泻了熔岩。然后我第一次想到我也许可以写一本关于所访问的各个国家的地质学的书，这使我兴奋不已。那对我来说是一个值得纪念的时刻，我如何能清晰地唤起我在其下休息的低层熔岩峭壁的感觉，阳光直射烈日，附近生长着一些奇特的沙漠植物，以及我潮汐池中的活珊瑚脚。后来在航行中，菲茨·罗伊（-）要求我阅读我的一些日记，并宣布值得发表；所以这是潜在的第二本书！

在航程即将结束时，我在升天时收到一封信，其中我的姐妹们告诉我，塞奇威克拜访了我的父亲，并说我应该在科学界的佼佼者中占有一席之地。我当时不明白他怎么能学到我的任何程序，但是我（后来相信）听说汉斯洛读过我写给剑桥哲学社之前给他写的一些信（在会议上读过）1835年11月16日，并印制了31页的小册子，供社会成员分发。）并已将其印刷供私人分发。我的化石骨骼收藏被送往，也引起了古生物学家的极大关注。读完这封信后，我爬了上台阶，越过提升山，使火山岩在我的地质锤下回响。这一切都说明我是多么有野心。但是我认为我可以说实话，尽管几年后，我虽然非常关心像莱尔和胡克这样的人，但他们却是我的朋友，但我却并不关心普通大众。我并不是说对我的书进行正面评价或大笔交易并不能使我大为高兴，但这种享受是短暂的，我相信我从未为获得名声而偏离自己的步伐。

从我返回英国（1836年10月2日）到结婚（1月29日，1839年。）

这两年零三个月是我度过的最活跃的那一年，尽管我偶尔会感到不适，因此失去了一些时间。在舒兹伯利，梅尔，剑桥和伦敦之间来回走了几次之后，我于12月13日在剑桥（菲茨威廉大街）的寄宿处定居，我的所有藏品都在汉斯洛的照顾下。我在这里住了三个月，在米勒教授的帮助下检查了我的矿物质和岩石。

我开始准备我的"旅行日记"，就像我的女士一样，这并不费劲。这本日记是精心编写的，我的主要工作是摘要我更有趣的科学成果。我还应莱尔的要求，简要介绍了我对智利海岸到地质社会海拔的观测结果。（'地理学。社会过程..1838，第446-449页。）

1837年3月7日，我在伦敦的大马尔伯勒街上住了下来，并在那里住了将近两年，直到我结婚。在这两年中，我读完了日记，在地质学会读了几篇论文之后，才开始准备。我的"地质观测"，并安排出版"比格犬航行的动物学"。在7月，我打开了第一本关于物种起源的事实的笔记本，我一直在思考这件事，并且在接下来的20年中从未停止过工作。

在这两年中，我也加入了一些社会，并担任地质学会的名誉秘书之一。我看到了很多谎言。他的主要特征之一是他对他人的工作表示同情。当我回到英国时，我向他解释了我对珊瑚礁的看法时，我对他所表现出的兴趣感到非常惊讶和高兴。这极大地鼓舞了我，他的建议和榜样对我产生了很大的影响。在这段时间里，我也看到了很多罗伯特·布朗。在周日的早餐中，我经常打电话给他，并与他坐在一起，他倾注了很多好奇的观察和敏锐的话语，但是它们几乎总是与分钟有关，而且他从不与我讨论大型或一般性的问题。科学。

在这两年中，我放松了几次短途旅行，又一次走了更长的一段路程，走到了格伦·罗伊的平行道路上，有关这一点的文章发表在《哲学交易》上。（1839年，第39-82页。）这篇论文是一个巨大的失败，我为此感到愧。我对南美洲土地的海拔高度印象深刻，我将平行线归因于海洋的作用；但是当阿加西斯提出他的冰川湖理论时，我不得不放弃这种观点。因为在我们当时的知识水平下不可能做出其他解释，所以我主张采取海上行动。我的错误对我来说是一个很好的教训，永远不要相信科学中的排他性原则。

由于我无法整日从事科学工作，因此在这两年中，我读了很多有关各种主题的书籍，包括一些形而上学的书籍。但是我不太适合这类研究。大约在这个时候，我对华兹华斯和科尔里奇的诗歌感到非常高兴。并可以夸耀我读过两次《远足》。我以前最喜欢以前的米尔顿的"迷失的天堂"，在"小猎犬"号航行期间的郊游中，当我只能拿一本书时，我总是选择米尔顿。

从我1839年1月29日的婚姻和居住在上高维尔街的住所开始，

到我们离开伦敦，定居下来，1842年9月14日。

（在谈到他的幸福的婚姻生活和他的孩子们之后，他继续：——）

在我们居住在伦敦的三年零八个月中，尽管我尽了最大的努力，但我所做的科学工作却少于我一生中任何其他相等的时间。这是由于经常复发的不适和一种长期而严重的疾病。当我能做任何事情时，大部分时间都花在了我的"珊瑚礁"研究上，这项工作是我在结婚前就开始的，最后的证明书于1842年5月6日得到纠正。虽然很小，但是却花了我20个月的辛苦工作，因为我不得不阅读太平洋岛屿上的每本著作并查阅许多图表。科学界人士对此给予了高度评价，并且我认为其中给出的理论现已确立。

我的其他工作没有像这样引人入胜的精神开始，因为在我见过真正的珊瑚礁之前，整个理论都是在南美西海岸考虑的。因此，我只需要通过仔细检查活珊瑚礁来核实并扩大我的观点。但是应该观察到，在前两年中，我一直在不断地关注土地间歇性抬高，剥蚀和沉积物沉积对南美洲海岸的影响。这必然使我对沉陷的影响进行了很多思考，并且很容易在想象中代替珊瑚向上生长而导致沉积物继续沉积的现象。这样做是为了形成我的堡礁和环礁形成理论。

除了我在珊瑚礁上的工作外，在伦敦居住期间，我还曾在地质学会面前阅读过有关南美不稳定的巨石（"。。。"。1842.），地震（'。诉1840年），并由代理制作霉菌。（'。。。。1838.）我也继续监督'小猎犬号航行的动物学'的出版。我也从未间断过收集有关物种起源的事实；当我因病无能为力时，有时我可以这样做。

在1842年夏天，我比以前强了一些，我自己在北威尔士进行了一次巡回演出，目的是观察以前充满了所有较大山谷的古老冰川的影响。我简要介绍了我在《哲学杂志》上看到的内容。（《哲学杂志》，1842年）。这次旅行使我非常感兴趣，这是我最后一次有足够的能力攀登山脉或进行地质工作所需的长距离散步。

在伦敦生活的初期，我足够强大，可以进入一般社会，并且看到了很多科学工作者以及其他或多或少的杰出人士。我将对其中的一些印象，尽管我无话可说。

在我结婚前后，我看到的骗子比其他任何人都多。在我看来，他的头脑具有鲜明，谨慎，明智的判断力和独创性。当我对地质发表评论时，他从未休息过，直到他清楚地看到了整个案子，并常常使我比以前更清楚地看到它。他会对我的建议提出所有可能的反对意见，即使这些建议用尽了，仍会长期存在疑问。第二个特征是他对其他科学工作者的工作表示衷心的同情。（这里可观察到的轻微重复是由莱尔等人的笔记解释的，这些笔记是在写完"回忆录"其余部分后的1881年4月添加的。）

在我从"小猎犬"号航行中返回时，我向他解释了我对珊瑚礁的看法，这与他的观点有所不同，他所表现出的浓厚兴趣使我感到惊讶和鼓舞。他对科学的热情很高，他对人类的未来进步怀有最强烈的兴趣。他非常善良，在宗教信仰或怀疑方面完全自由。但是他是一个强大的有神论者。他的坦率非常出色。尽管他因反对拉马克的观点而声名起，但在他长大后，他通过成为后裔理论的信徒来展示这一点。他提醒我，我有很多年以前对他说，在讨论旧地质学家对他的新观点的反对时，"如果每个科学人都在60岁时死掉，那将是一件好事。他一定会反对所有新学说。" 但他希望现在可以允许他生活。

地质科学非常有赖于撒谎-我相信，这比任何其他活着的人都要多。[]开始"比格犬"航行时，机敏的汉斯洛像其他所有地质学家一样，相信当时连连的大灾难，建议我去研究"原理"的第一卷，刚刚出版，但绝不接受其中所提倡的观点。现在，每个人对"原理"的看法有何不同！我很自豪地记得第一名，即圣。我在佛得角群岛的加戈进行了地理采访，这使我相信莱尔的观点比我所知的任何其他著作所倡导的观点都具有无限优势。

莱尔作品的强大影响以前可以从法国和英国科学的不同进步中清楚地看出。目前，埃利·德·波蒙特的野性假设（例如他的"海拔高度坑"和"海拔高度线"（我在地质学会中称赞塞德威克向天空赞扬）中的那些假说）被完全遗忘了，这在很大程度上可能归因于赖尔。

我看到了很多罗伯特·布朗，"温布斯·普恩塞普斯·植物学"，被洪堡呼唤。在我看来，他的观察力之精湛和精确到极致，在他看来尤其出色。他的知识异常丰富，由于他过分害怕犯错，因此与他同归于尽。他以最毫无保留的态度向我倾诉了自己的知识，但在某些方面却奇怪地嫉妒。在"小猎犬"号航行之前，我曾两次或三次拜访他，有一次，他让我透过显微镜看一下并描述我所看到的。我做到了，现在我相信这是某些植物细胞中原生质的奇妙电流。然后我问他我看到了什么。但是他回答我，"那是我的小秘密"。

他有能力采取最慷慨的行动。当他老了，身体很健康，而且不适合做任何运动时，他每天拜访（如妓女告诉我的）一个老人仆人，他住在远处（并由他支持），大声朗读。这足以弥补任何程度的科学上的惩罚或嫉妒。

我在这里可能会提到其他一些知名人士，我偶尔见过，但我无话可说。我对先生爵士感到崇高的敬意。赫歇尔，很高兴与他在充满希望的斗篷的迷人房子里用餐，之后又在伦敦的房子里用餐。我也在其他一些场合见过他。他从没说过很多话，但是他所说的每个字都值得听。

我曾经在先生早餐时见面。默奇森的房子是杰出的洪堡人，他表达了见我的愿望而向我致敬。我对那个伟人有点失望，但是我的期望可能太高了。除了洪堡人很开朗而且说话很多之外，我对我们的采访没有清楚的记得。

-让我想起了我曾经在亨斯利·韦奇伍德一家遇到的扣。我很高兴向他学习他的事实收集系统。他告诉我说，他买了所有他读过的书，并为每本书提供了完整的索引，这些事实他认为可能对他有用；他始终记得他读过什么书，因为他记忆是美好的。我问他起初他如何判断哪些事实是有用的，他回答说他不知道，但是某种本能引导了他。从这种建立索引的习惯出发，他能够提供各种主题的惊人参考，这可以在他的"文明史"中找到。我认为这本书最有趣，并且读了两次，但是我怀疑他的概括是否值得。扣是一个很棒的说话者，我听了他一句话也没说，我也不能这样做，因为他没有留下任何空白。当太太 法拉尔开始唱歌，我跳了起来，说我必须听她的话。我离开家后，他转过身来找一个朋友说（正如我哥哥所听到的那样），"嗯，达尔文先生的书比他的谈话要好得多。"

在其他伟大的文学家中，我曾经在迪恩·米尔曼故居见过悉尼·史密斯。他说出的每个字都有些莫名其妙的有趣。也许这部分是由于对娱乐的期待。他当时在谈论的是软木塞夫人，那时她年纪很大。就像他说的那样，这位女士曾经一次受到他的一次慈善布道的影响，以至于她从朋友那里借了几内亚几内亚来摆盘。他现在说："人们普遍认为我亲爱的老朋友夫人软木塞被忽视了，"他这样说，以至于没有人会怀疑他的意思是他的亲爱的老朋友被恶魔所忽视了。。他如何表达这个我不知道。

我同样曾经在斯坦霍普勋爵（历史学家）的屋子里遇到过马考莱，而且因为只有一个人在吃饭，所以我有很大的机会听到他交谈，他非常友善。他一点也不说话。只要允许其他人改变谈话的方向，这样的人也不会讲太多话，而他确实允许。

斯坦霍普勋爵曾经给我一个奇怪的小证据，证明了马考莱的记忆的准确性和充实性：许多历史学家经常在斯坦霍普勋爵的家见面，在讨论各种主题时，他们有时与有所不同，以前他们经常提到一本书来看看谁是对的；但是后来，正如斯坦霍普勋爵所注意到的那样，没有历史学家会遇到这种麻烦，而马考雷所说的一切都是最终的。

在另一次场合，我在斯坦霍普勋爵的家中相遇，他的一个历史学家政党和其他文学家政党参加，其中包括杂色无常和敬礼。午饭后，我带着灌浆在圆滑的公园里散步了将近一个小时，他的谈话引起了我极大的兴趣，他的举止朴素和缺乏自以为是。

很久以前，我偶尔和历史学家的父亲伯爵一起吃饭。他是一个陌生的人，但是我对他的一点了解我还是很喜欢。他很坦率，和可亲。他的特征很明显，肤色是褐色，当我看到他的时候，衣服都是褐色的。他似乎相信一切其他人都难以置信的东西。他有一天对我说："为什么不放弃地质学和生态学的小玩意儿，而转向神秘科学！" 历史学家，当时的勋爵阁下，对我这样的演讲感到震惊，他那迷人的妻子对此感到很开心。

我要提到的最后一个人是凯雷，在我哥哥家见过几次，在我自己家里见过两到三遍。就像他的作品一样，他的演讲非常活泼有趣，但有时他在同一主题上讲得太久了。我记得我哥哥在一次有趣的晚宴上，除其他几个外，还有巴贝格和莱尔，他们俩都喜欢说话。但是，凯雷在整个晚宴上通过争吵来讨论沉默的优点，从而使每个人都保持沉默。晚餐后，巴贝用最严厉的方式感谢卡莱尔关于沉默的有趣演讲。

卡莱尔几乎每个人都在笑：在我家中的一天，他称格罗特的"历史"为"愚蠢的泥潭，毫无灵性"。我一直认为，直到他的"回忆"出现，他的冷笑只是部分笑话，但是现在看来，这是值得怀疑的。他的表情是一个沮丧，几乎绝望而又仁慈的人。臭名昭著的笑是多么臭名昭著。我相信他的仁慈是真实的，尽管没有一点嫉妒之情。没有人会怀疑他绘制事物和人物图片的非凡能力-在我看来，这比绘制的任何图像都更加生动。他的男人照片是否真实是另一个问题。

他在将一些宏伟的道德真理铭刻在人的脑海上无所不能。另一方面，他对奴隶制的看法令人反感。在他眼里也许是对的。在我看来，他的头脑很狭窄；即使他鄙视的所有科学分支都被排除在外。金斯利应该把他说成是一个非常适合推进科学的人，这使我感到惊讶。他笑着嘲笑这样的想法，即像惠厄这样的数学家可以按照我的观点判断歌德的观点。他认为，任何人都应该关心冰川移动得快一点或慢一点，或者根本不移动是一件非常荒谬的事情。据我判断，我从未见过一个头脑如此不适适应科学研究的人。

在伦敦居住期间，我尽可能地参加一些科学学会的会议，并担任地质学会的秘书。但是这样的出勤率和普通的社会非常不利于我的健康，以至于我们决定住在这个既喜欢又从未悔过的国家。

从1842年9月14日到现在的1876年。

在萨里和其他地方进行了几次毫无结果的搜索后，我们找到了这所房子并购买了它。我对白垩地区适宜的植被多样化外观感到满意，因此与我在中部县所习惯的情况不同。对这个地方的极度安静和乡村气息感到更加满意。然而，这并不是一个像德国期刊作家那样退休的地方，他说我的房子只有子路才能到达！我们在这里的固定已经以一种我们没有想到的方式得到了令人钦佩的答复，即非常方便孩子们的频繁探访。

很少有人能比我们活得更退休。除了短暂访问矣系宫，偶尔访问海边或其他地方，我们什么都没走。在我们住所的第一部分，我们有点融入社会，并在这里接待了一些朋友。但我的健康几乎总是受到兴奋，剧烈的颤抖和呕吐发作的困扰。因此，我被迫放弃很多晚宴。对我而言，这简直是一种剥夺，因为这样的聚会总是使我兴高采烈。由于同样的原因，我很少能在此邀请科学界人士。

我一生的主要享受和唯一的工作就是科学工作；这种工作的兴奋使我暂时忘记或驱散了我的日常不适。因此，除了出版几本书之外，我一生中没有其他记录。也许它们如何产生的一些细节可能值得一提。

我的几本出版物。

在1844年初，发表了我对"比格犬"航行期间访问的火山岛的观察。1845年，我费了很大的力气才改正了我的《研究新闻》的新版本，该版本最初是1839年作为菲茨罗伊工作的一部分出版的。我的第一个文学孩子的成功，总是使我的虚荣心比其他任何书本都使我发痒。直到今天，它在英国和美国都稳定销售，并已第二次翻译成德语，法语和其他语言。在第一本旅行书问世多年之后，这种旅行书尤其是科学旅行书的成功是令人惊讶的。第二版在英国已售出一万册。1846年，我发表了《南美洲地质观察》。我写了一本我一直记不下来的日记，记着我的三本地质书籍（包括"珊瑚礁"）消耗了四年半的稳定时间。"现在距我回到英格兰已有十年了。我因疾病而流失了多少时间？"关于这三本书，我无话可说，但令我惊讶的是最近才需要新版本。（《地质观察》，第二版，1876年。《珊瑚礁》，第二版，1874年。）

1846年10月，我开始从事""工作。在智利海岸时，我发现了一种最奇特的形式，它钻进了贝壳形的壳中，与所有其他卷柏有很大不同，因此我不得不为它的唯一接收形成一个新的子阶。最近，在葡萄牙海岸发现了一个同属的穴居属。为了了解我的新皮筋的结构，我不得不检查并剖析许多常见的形式；逐渐地，我开始负责整个团队。在接下来的八年中，我一直致力于此主题，并最终出版了两本厚实的书（由社出版），描述了所有已知的活生物种，以及两本关于已灭绝生物的四等分。我毫不怀疑先生。里顿·布尔特在他的一本小说中介绍了一位很长的教授时，他的脑海里浮现了出来。

尽管我在这项工作中工作了八年，但我在日记中记录到，这段时间中约有两年是因疾病而丧生的。因此，我于1848年去了马尔文接受水疗治疗了几个月，这对我很有帮助，所以回到家后我得以恢复工作。我非常健康，以至于我亲爱的父亲于1848年11月13日去世时，我无法参加他的葬礼或担任他的遗嘱执行人之一。

我认为，关于卷柏的工作具有相当大的价值，除了描述几种新颖且引人注目的形式之外，我还弄清了各个部分的同源性-我发现了固井设备，尽管我对水泥管感到恐惧-最后，我证明在某些属上有微小的雄性与雌雄同体互补和寄生。后来的发现终于被充分证实了；尽管有一次，一位德国作家很高兴将整个故事归因于我丰富的想象力。卷毛虫种类繁多且难以分类。当我不得不在"物种起源"中讨论自然分类的原理时，我的工作对我来说是相当有用的。但是，我怀疑这项工作是否值得花费这么多时间。

从1854年9月开始，我一直致力于安排大量笔记，进行观察和实验，以研究物种的变。在"小猎犬"号航行期间，我发现了在庞贝岩层中发现的巨大化石动物，这些化石动物被铠甲覆盖着，就像现有犰狳一样，给我留下了深刻的印象。第二，通过紧密联系的动物在大陆上向南前进的方式相互替换；第三，根据加拉帕戈斯群岛大部分产品的南美特色，尤其是根据该集团各岛上略有不同的方式；从地质意义上看，没有一个岛屿看起来很古老。

显然，只有在物种逐渐被修饰的假设下，才能解释这些事实以及许多其他事实。那个话题困扰着我。但同样明显的是，周围环境的作用或有机体的意愿（尤其是植物的意愿）都无法解释无数种情况，在每种情况下，各种生物都非常适合其生活习惯，因为例如，啄木鸟或爬树的树蛙，或通过钩子或羽流散播的种子。我一直对这样的改编感到震惊，直到对这些改编进行解释之前，在我看来，用间接证据证明物种已被修饰几乎是无用的。

我回到英格兰后，似乎以地质学上的莱尔为例，并收集了关于驯化和自然条件下动植物的各种变化的所有事实，也许总的来说，可能会带来一些启发。学科。我的第一本笔记本是1837年7月开张的。我是按照真正的培根原理工作的，没有任何理论以批发规模收集事实，尤其是有关驯化产品的事实，是通过印刷查询，与熟练的育种者和园丁交谈以及通过大量阅读。当我看到自己阅读和摘录的各种书籍清单（包括整个期刊和交易记录）时，我对该行业感到惊讶。我很快就意识到选择是人类成功进行动植物赛跑的基石。但是如何将选择应用于生活在自然状态下的生物仍然是一个谜。

在1838年10月，也就是我开始系统询问的15个月后，我偶然地读了《马尔萨斯论人口》一书，并准备好欣赏从长期不断观察到的生存斗争。我很惊讶动植物的习惯，在这种情况下往往会保留有利的变化，而不利的变化会被破坏。其结果将是形成新物种。在这里，我终于有了一个可以工作的理论；但是我急于避免产生偏见，以至于我决定暂时不写最简短的草图。1842年6月，我首先使自己对用铅笔写一篇非常简短的理论摘要感到满意，该摘要共35页；在1844年夏天，这本书被扩大到230页中的一页，我相当地抄写并仍然保留着。

但是那时我忽略了一个非常重要的问题。除了哥伦布和他的鸡蛋原理以外，这让我惊讶，我怎么可能忽略了它及其解决方案。这个问题是有机生物从同一个种群进化而来的趋势，因为它们被改造。从各种物种在属下，科下属，子科下等等的分类方式来看，它们之间的差异很大。我记得马路上的那个地方，在我的马车上，当我高兴的时候，解决方案就出现了。这很久以后我就倒下了。我认为，解决方案是，所有主要和不断增加形式的改良后代都倾向于适应自然经济中许多高度多样化的地方。

1856年初，莱尔建议我相当完整地写出自己的观点，我立即开始这样做，其规模是后来的"物种起源"的三到四倍。但这只是我收集的材料的摘要，我在这种规模上完成了大约一半的工作。但是我的计划被推翻了，1858年夏初。当时在马来群岛的华莱士给我写了一篇文章"关于品种无限期地偏离原始类型的趋势"。这篇文章包含与我完全相同的理论。先生。华莱士表示希望，如果我对他的论文有好感，我应该将其发送给莱尔以供细读。

给出了在我应莱尔和胡克的要求允许我摘录摘要的情况下，以及一封写给阿萨·格雷的信（日期为1857年9月5日），并与华莱士的论文同时发表在1858年的《亚麻协会纪事》中，第45页。我起初非常不愿意同意，正如我认为。华莱士可能认为我的举动是不合理的，因为那时我不知道他的性格多么慷慨和高贵。我的女士的摘录。致阿萨·格雷的来信既无意公开发表，又写得不好。先生。另一方面，华莱士的论文令人钦佩且清晰。但是，我们的联合作品很少引起人们的注意，我记得的唯一公开出版的通知是都柏林的教授，他的判断是，其中的所有新鲜事物都是虚假的，真实的是古老的。这表明有必要对任何新观点进行详尽的解释，以引起公众的关注。

在1858年9月，我开始接受莱尔和胡克的强烈建议进行工作，以准备有关物种变的书籍，但常常因身体欠佳和短暂拜访博士而中断。车道在沼地公园的令人愉快的水疗设施。我抽象了女士。从1856年开始以更大的规模开始，并以同样的缩减规模完成了交易量。我花了十三个月零十天的辛苦劳动。它在1859年11月以"物种起源"为标题出版。尽管在以后的版本中进行了相当多的添加和更正，但基本上还是同一本书。

毫无疑问，这是我一生的主要工作。这是从最初的高度成功开始。第一版的小版1250册于出版之日出售，此后不久又发行了第二版的3000册。现在（1876年）在英国售出了1

万6千册。考虑到这本书有多僵硬，这是一笔大买卖。它几乎已翻译成所有欧洲语言，甚至翻译成西班牙文，波西米亚文，波兰文和俄文等语言。根据小姐的说法，它还被翻译成日语（我从教授那里获悉，是错误的。-），并且有很多研究。甚至有一篇希伯来语的文章都出现在上面，表明该理论已包含在旧约中！评论非常多；一段时间以来，我收集了所有出现在"起源"和我的相关书籍上的东西，这些数量（不包括报纸评论）达到265；但是一段时间后，我绝望地放弃了尝试。关于该主题的许多独立论文和书籍已经出现；在德国，有关"达尔文主义"的目录或参考书目每年出现一两年。

我认为，"起源"的成功在很大程度上可以归因于我很早就写了两个浓缩的草图，以及我最终对一个更大的手稿进行了抽象，该手稿本身就是一个摘要。通过这种方式，我得以选择更为引人注目的事实和结论。多年以来，我一直遵循一条黄金法则，那就是，每当发表的事实，与我的总体结果相抵触的新观点或想法出现在我身上时，便要立即做出备忘录。因为我从经验中发现，这些事实和想法比有利的事实和想法更容易从记忆中逃脱。由于这种习惯，很少有人反对我的观点，我至少没有注意到并试图回答。

有时有人说，"起源"的成功证明了"这个主题是悬而未决的"，或者是"人们为之做好了准备"。我不认为这是完全正确的，因为我偶尔听起来不乏一些博物学家，而且从未碰到过一个似乎对物种的持久性存有疑问的人。即使是小伙子和妓女，尽管他们会很感兴趣地听我讲，但似乎从未同意。我曾尝试过一两次，向有能力的人解释我的自然选择的含义，但信号却失败了。我认为这是完全正确的，因为一旦有足够的理论可以对它们进行充分的解释，就会将无数可观察的事实存储在博物学家的思想中，他们准备立即占据自己的位置。这本书成功的另一个因素是它的大小适中。这归功于先生的出现。华莱士的论文；如果我以1856年开始写作的规模出版，那本书的体积将是"起源"的四到五倍，而且很少有人会耐心地阅读它。

从1839年左右（该理论被明确构想）到1859年，我的出版延迟使我受益匪浅。而我却一无所获，因为我很少在乎男人是把我的创造力归功于我还是华莱士。他的论文无疑有助于理论的接受。我只在一个重要的方面被阻止，我的虚荣心一直使我感到遗憾，即，通过冰川期的解释，在遥远的山顶和北极地区存在相同种类的植物和一些动物地区。这种观点使我感到非常高兴，以至于我将它写成了扩展，而且我相信在之前的几年中，曾将其读懂。福布斯发表了有关该主题的著名回忆录（"。。"，1846年）。在与众不同的几个方面，我仍然认为我是对的。当然，我从来没有暗示过我独立地提出过这种观点。

当我在"起源"上工作时，几乎没有什么让我感到如此满意的，这可以解释胚胎和成年动物在许多类别中的巨大差异，以及同一类别中的胚胎的相似之处。据我所记得，在对"起源"的早期评论中，没有注意到这一点，我回想起来，在给阿萨·格雷的信中对此表示惊讶。在最近几年中，几位审稿人将全部功劳归功于弗里兹·穆勒和哈克尔，他们无疑能更全面地完成工作，并且在某些方面比我做得更正确。我有关于该主题的整章的材料，并且应该使讨论时间更长。很明显，我没能打动我的读者。我认为成功做到这一点的人应该得到一切荣誉。

这使我说，我的审稿人几乎总是诚实地对待我，而把那些没有科学知识的人转为不值得一看。我的观点经常被严重歪曲，极度反对和嘲笑，但正如我所相信的那样，这通常是真诚完成的。总的来说，我毫不怀疑我的作品一遍又一遍地被夸大了。我为自己避免了争议而感到高兴，这归功于莱尔，多年前，在谈到我的地质工作时，莱尔强烈建议我不要纠缠于争议，因为这样做几乎没有好处，并且造成了可悲的损失。时间和脾气。

每当我发现自己犯了错误，或者我的工作不完美，当我受到轻蔑的批评时，甚至当我被夸大以至于感到愧的时候，说几百句话都是我最大的安慰。有时对我自己来说，"我尽了最大的努力，没有人能做的比这更多。" 我记得在蒂拉德拉富埃戈（ ）取得良好成功之时，我想着（而且，我相信，我写了这本书的家），我的生活不能比在自然科学上加点儿更好。我已尽我所能做到这一点，评论家可能会说出他们喜欢的话，但他们不能破坏这种信念。

在1859年的最后两个月中，我全神贯注于准备第二版的"起源"，并进行了大量书信。1860年1月1日，我开始整理自己关于"驯养动植物的变异"工作的笔记；但是直到1868年初才出版。延误部分是由于经常生病引起的，其中一种持续了七个月，另一部分是由于试图发表其他使我更感兴趣的主题。

1862年5月15日，出版了我的一本关于"兰花受精"的小书，这本书花了我10个月的时间：大多数事实在过去的几年中慢慢积累起来。在1839年的夏天，我相信，在前一个夏天，我被昆虫的引导带到花朵的杂交中，从我对物种起源的推测中得出的结论是：交叉在保持特定形式不变方面发挥了重要作用。在随后的每个夏天，我或多或少都参加了这个主题；在1841年11月购买并阅读了罗伯特·布朗的建议后，我对它的兴趣大大增强了。罗伯特·布朗是 的一本绝妙的著作"" 的一本。在1862年之前的几年里，我专门参加了英国兰花的施肥工作。在我看来，这是最好的计划，就是尽可能地针对这组植物编写完整的论文，而不是利用我相对其他植物缓慢收集的大量物质。

我的决心证明是明智的；自从我的书出现以来，就出现了数量惊人的论文和有关各种花卉施肥的单独著作：而且这些著作的完成远比我想像的要好。可怜的老斯普林格尔的优点，被人们长期忽视，如今已在他去世多年后得到充分认可。

同年，我在《林奈学会杂志》上发表了一篇"关于报春花的两种形式或二形性条件的论文"，在接下来的五年中，我还发表了另外五篇关于二形和三态植物的论文。我认为我的科学生活中没有什么让我感到满意的，足以说明这些植物的结构含义。我在1838年或1839年注意到了 的二态性，起初以为这只是无意义变异的情况。但是在检查报春花的常见种类时，我发现这两种形式过于规则和恒定，因此无法查看。因此，我几乎确信，普通的牛和月见草正处于雌雄异体的高潮中；-一种形式的短雌蕊和另一种形式的短雄蕊都倾向于流产。因此，在这种观点下对植物进行了试验；但是，一旦发现有短雌蕊的花被短雄蕊的花粉受精，其种子的产量就超过了四个可能的联合中的任何其他种子，那么堕胎理论就被击倒了。经过一些额外的实验，很明显，这两种形式虽然都是完美的雌雄同体，但它们之间的关系几乎与普通动物的两种性别相同。有了千屈琴，我们得到了三种形式彼此相似的更好的情况。后来我发现，属于相同形式的两种植物的结合产生的后代与来自两个不同物种的结合的杂交产生了密切而好奇的类比。

在1864年秋天，我完成了一篇有关"攀援植物"的长篇论文，并将其发送给林奈学会。写这篇论文花了我四个月的时间。但是当我收到证明书时，我感到非常不适，以至于我被迫留下非常糟糕的表述，并且常常表达得晦涩难懂。该论文鲜为人知，但在1875年被更正并作为单独的书出版时，销量很好。我被引导读了1858年阿萨·格雷撰写的一篇短篇论文来研究这个主题。他寄给我种子，在养育一些植物时，我对卷须和茎的旋转运动非常着迷和困惑，这种运动尽管乍一看非常复杂，但我确实非常简单。我购买了各种其他的攀缘植物，并研究了整个主题。我对汉斯洛在讲课中对缠绕植物的解释完全不满意，这使我更加着迷，因为它们对植物具有缠绕的自然倾向。这种解释被证明是错误的。攀援植物所展示的某些适应性措施与兰花一样美丽，以确保杂交。

如前所述，我的"驯化动植物变种"是从1860年初开始的，但是直到1868年初才出版。这是一本大书，花了我四年零两个月的辛苦工作。它提供了我所有的观察结果以及从各种来源收集到的有关我们国内生产的大量事实。在第二卷中，就我们目前的知识水平所允许的范围，讨论了变异，继承等的原因和规律。在工作即将结束时，我给出了广为人知的泛遗传假说。未经验证的假设价值很小或没有价值；但是，如果以后有人要进行观察，以建立某些这样的假设，我将做得很好，因为如此多的孤立事实可以被连接在一起并变得可理解。1875年，又出版了第二本经过大量修改的版本，这使我付出了很多劳动。

我的《人类的后裔》发表于1871年2月。当我在1837年或1838年成为世人之后，我就坚信物种是易变的产品，我无法避免相信人类必须遵守同样的法律。因此，我出于自己的满意而收集了关于该主题的笔记，并且很长时间没有出于任何发布目的。尽管在"物种起源"中从未讨论过任何特定物种的派生，但我认为最好，是为了不让任何光荣的人指责我掩盖我的观点，并补充说，通过这项工作，"将亮起人的起源和他的历史。"在没有提供任何证据的情况下，宣扬我对他的出身的信念，对这本书的成功本来是没有用的，而且没有危害。

但是，当我发现许多博物学家完全接受物种进化的学说时，在我看来，建议整理一下我所拥有的注释，并发表有关人类起源的特殊论文。我很高兴这样做，因为这给了我一次充分讨论性选择的机会，这个话题一直使我非常感兴趣。这个主题，以及我们国内生产的变化主题，以及变化，继承和植物交叉的原因和规律，是我唯一能完整写出的主题，以便使用所有我收集的材料。"人类的后裔"花了我三年的时间来写，但是像往常一样，这段时间中的一些时间由于身体状况不佳而失去了，有些则因为准备新版本和其他次要作品而浪费掉了。在1874年出现了第二个经过大幅修正的"后裔"版本。

我关于"人类和动物的情感表达"的书于1872年秋天出版。我原本只打算就"人类的后裔"中的一章作一讲，但我一开始就提出一起注意，我看到这将需要单独的论文。

我的第一个孩子出生于1839年12月27日，我立刻开始记下他所展示的各种表情，因为即使在这个早期，我仍然确信，最复杂，最精美的阴影表达必须全部具有渐变和自然的起源。在第二年的1840年夏天，我读了先生。贝尔在表达方面的出色工作，这极大地增加了我对该主题的兴趣，尽管我完全不同意他的信念，即为表达而专门创造了各种肌肉。从这个时候开始，我偶尔会涉及人类和我们的家养动物。我的书卖得很好；出版当天已处置了5267份。

1860年夏天，我在哈特菲尔德闲逛并休息，那里种着两种浮渣藻。我注意到树叶上已经包裹了许多昆虫。我把一些植物带回家，并给昆虫看了触手的运动，这使我认为为特定目的捕获昆虫是有可能的。幸运的是，我进行了一项至关重要的测试，即将大量的叶子放在密度相同的各种含氮和非含氮流体中；我一发现前一个人就激发了精力旺盛的运动，就很明显这里是一个很好的新研究领域。

在随后的几年中，每当我有闲暇时，我都会进行实验，而我关于"食草动物"的书于1875年7月出版，也就是我第一次观察后的十六年。与我的所有其他书籍一样，在这种情况下的延误对我来说是一个很大的优势；因为一个人经过很长的时间间隔后就可以批评自己的工作，就像批评别人的工作一样。植物在适当激发下应分泌一种与动物消化液非常相似的酸和发酵液，这一事实无疑是一个了不起的发现。

在1876年秋天，我将发表"蔬菜王国中的杂交和自肥效应"。这本书将作为"兰花受精"一书的补充，在书中，我展示了交叉施肥方法的完美程度，在此我将展示结果的重要性。在十一年的时间里，我只是偶然地被发现进行了许多本次实验所记录的实验。的确，这确实需要再次发生事故，然后才引起我的充分注意，使我感到不寻常的事实，即即使在第一代中，自交亲本的幼苗在身高和活力上都比交叉受精的亲本的幼苗差。我希望也能重新出版我的兰花书的修订版，此后再发表有关双态和三态植物的论文，以及有关盟友观点的其他一些见解，而这些都是我从未有过的时间。然后我的力量可能会精疲力尽，我将准备大声疾呼""。

写于1881年5月1日。

"杂交和自肥的影响"于1876年秋天出版；正如我所相信的，得出的结果解释了将花粉从一种植物运输到同一物种的另一种植物的无尽而美妙的贡献。但是，我现在主要是从赫尔曼·穆勒的观察中相信，我应该比我对自体受精的许多改编更加坚决。尽管我很清楚许多这样的改编。1877年，我出版了《兰花的受精》一书。

在同一年，出现了"不同形式的花朵等"，并在1880年发行了第二版。本书主要由林奈学会最初发表的有关异型花的几篇论文组成，并进行了更正，并增加了许多新内容，以及对同一植物带有两种花的其他一些案例的观察。如前所述，我对我的一点发现都给我带来了这么多的乐趣，就像发现异型花朵的含义一样。我认为以不合法的方式越过这种花的结果非常重要，因为这会影响杂种的不育性；尽管只有少数人注意到了这些结果。

在1879年，我翻译了博士。恩斯特·克劳斯的《伊拉斯斯·达尔文生活》出版，我从自己所拥有的材料中勾勒出他的性格和习惯。许多人对这种小小的生活非常感兴趣，我很惊讶只售出了800或900册。

1880年，在[我的儿子]弗兰克的帮助下，我发表了《植物运动的力量》。这是一项艰巨的工作。这本书与我关于"攀援植物"的那本小书有些相似，其中"交叉施肥"与"兰花施肥"是一样的。因为根据进化原理，除非所有种类的植物都具有类似种类的轻微移动能力，否则无法解释已经在如此广泛的不同群体中开发的攀缘植物。我证明是这种情况；而我又进一步导致了相当广泛的概括，即。被光激发，引力的吸引等重要而重要的运动都是环转基本运动的修改形式。它总是使我高兴，以有组织的生物的规模来提升植物；因此，我特别高兴地展示了根尖拥有多少种和什么令人称奇的适应性很好的运动。

我现在（1881年5月1日）将发送给打印机。一本关于"通过蠕虫的作用形成蔬菜霉菌"的小书。这是一个很小的主题；而且我不知道是否会引起任何读者的兴趣（在1881年11月至1884年2月之间，已售出8500册。），但它引起了我的兴趣。这是40年前在地质学会之前阅读的一篇简短论文的完成，并且使旧的地质思想得以复兴。

我现在已经提到了我出版的所有书籍，这些都是我一生中的里程碑，因此无需多说。我不知道过去三十年来我的想法有什么变化，除了目前要提到的一点；除非总体恶化之一，否则也不会预期会有任何变化。但是我父亲一生都活到了八十三岁，他的所有才干都没有减退。我希望我能在我的思想无法明智地死亡之前就死去。我认为我在猜测正确的解释和设计实验测试方面变得更加熟练。但这可能是纯粹的实践和大量知识储备的结果。我一如既往地难以做到清楚简洁地表达自己的意见；这种困难使我浪费了很多时间；但是它具有补偿性的优势，它使我不得不对每个句子进行漫长而专心的思考，因此导致我在推理以及我自己或他人的观察中看到错误。

我心中似乎有一种致命的危险，导致我首先以错误或尴尬的形式提出自己的陈述或主张。以前，我以前会在写下句子之前先考虑一下句子。但是几年来，我发现它可以节省时间，让我尽可能快地在整整一页上乱涂乱画，将一半的单词缩水。然后故意纠正。如此草的句子通常比我故意写的更好。

关于我的写作方式已经说了这么多，我会补充说，在我的大本书中，我花了很多时间来解决这个问题。我首先将最粗鲁的大纲分成两到三页，然后再将其放大成几页，用几句话或一个单词代表整个讨论或一系列事实。在我开始大量写作之前，这些标题中的每个标题都再次被放大并经常转移。正如在我的几本书中一样，其他人观察到的事实已被广泛使用，并且由于我同时总是手握几个截然不同的主题，所以我可能会提到，我保存着三十至四十种大型投资组合，放在带有标签的柜子中。货架，我可以立即在其中放入独立的参考或备忘录。我已经买了许多书，在书的结尾，我把与我的工作有关的所有事实都做了索引。或者，如果这本书不是我自己的，则写出一个单独的摘要，在这些摘要中，我有一个大的抽屉。在开始任何主题之前，我会查看所有短指数并建立一个总体分类的指数，通过选择一个或多个合适的投资组合，我可以收集一生中使用的所有信息。

我已经说过，在过去的二十或三十年中，我的想法发生了变化。直到三十岁或以上，米尔顿、格雷、拜伦、华兹华斯、科尔里奇和雪莱等许多诗人都给我带来了极大的快乐，甚至当我还是一个小学生时，我对莎士比亚也非常满意。，尤其是在历史剧中。我还说过，以前的照片给了我很大的好处，音乐给我很大的快乐。但是多年来，我忍不住要读一首诗：我最近试图读莎士比亚，发现它是如此令人无法忍受的沉闷，以至于使我感到恶心。我也几乎失去了对图片或音乐的爱好。音乐通常会使我对工作中的事情过于精力充沛地思考，而不是给我带来乐趣。我对优美的风景还有些品味，但这并没有像以前那样使我感到愉悦。另一方面，具有想象力的小说虽然不是很高级，但多年来对我来说却是一种美妙的解脱和愉悦，我常常祝福所有小说家。我大声地读出了一个令人惊讶的数字，我很喜欢一切，如果还算不错，并且如果它们不会不幸地结束的话，那就是应该通过一项法律。根据我的喜好，一本小说不会进入第一流，除非它包含一个可以完全爱死的人，如果一个漂亮的女人更好。

对历史，传记和旅行的书籍（与它们可能包含的任何科学事实无关）以及关于各种主题的论文对我的兴趣与以往一样多做到了。我的大脑似乎已经成为从大量事实中磨炼一般规律的一种机器，但是为什么这应该导致仅那一部分大脑萎缩，而更高的品味取决于那部分大脑，我无法想象。我想，一个人的思想比我更有组织，或更有型，我不会遭受这种痛苦；如果我不得不重新生活，我本来应该每周至少读一次诗，听一些音乐。因为也许我的大脑现在已经萎缩了，因此可以通过使用保持活跃。这些品味的丧失是对幸福的丧失，并且可能使我们本性的情感部分丧失，从而可能损害智力，更可能损害道德品格。

我的书大部分在英国销售，已被翻译成多种语言，并在国外通过了数版。我听说它说，在国外工作的成功是对其持久价值的最好考验。我怀疑这是否完全值得信赖；但是根据这个标准判断，我的名字应该持续几年。因此，有必要尝试分析我的成功所依赖的心理素质和条件；尽管我知道没有人能正确做到这一点。

我没有那么快的理解力或机智，这在某些聪明的人（例如赫黎）中是如此出色。因此，我是一个可怜的批评家：初读时，纸或书通常会引起我的钦佩，并且只有经过深思熟虑，我才能意识到自己的弱点。我遵循漫长而纯粹的思想思路的能力非常有限；因此，我在形而上学或数学上不可能成功。我的记忆广博，但朦胧：通过隐约告诉我我已经观察到或阅读了一些与我得出的结论相反的观点，或者另一方面是赞成它的观点，足以使我保持谨慎。一段时间后，我通常可以回忆起在哪里寻找我的权威。从某种意义上说，我的记忆如此之差，以至于我几天都无法记住一个约会或一首诗。

我的一些批评家说："哦，他是一个很好的观察者，但他没有推理的能力！" 我不认为这是真的，因为"物种起源"从头到尾都是一个漫长的争论，而且它说服了不少精干的人。没有推理能力，没有人会写出来。我拥有相当大的发明创造力，具有常识或判断力，例如，每位相当成功的律师或医生都必须拥有，但我认为，在更高的程度上没有。

在平衡的有利方面，我认为在注意到容易引起注意的事物并仔细观察它们方面，我优于普通人。在观察和收集事实方面，我的行业几乎可以做到。更重要的是，我对自然科学的热爱是坚定而热情的。

然而，这种纯粹的爱得到了我的博物学家的崇高志向的大力帮助。从我年轻的那一年起，我就最渴望理解或解释我所观察到的一切，也就是说，将所有事实归入某些一般法律之下。这些原因加在一起使我耐心地思考或思考了多年无法解决的任何问题。据我判断，我不容易盲目跟随其他人的领导。一旦事实证明与事实相反，我会不断努力使自己的思想自由，以放弃任何假说（无论多么受人爱戴）（并且我无法抗拒在每个主题上形成一个假说）。确实，我别无选择，只能以这种方式行事，因为除了珊瑚礁之外，我不记得一个最初形成的假设，该假设在一段时间后没有被放弃或大大改变。这自然使我不相信混合科学中的演绎推理。另一方面，我不是很怀疑，我认为这对科学的发展是有害的。为避免浪费大量时间，建议对科学人进行大量的怀疑，但是我遇到的人并不多，我确信，这些人经常因此受到实验或观察的阻吓，而这些直接或间接地证明了这一点。间接服务。

在说明中，我将给出我所知道的最奇怪的情况。一位绅士（后来我听说是当地的一位优秀植物学家）从东部各县给我写信说，今年到处都有普通田豆的种子或豆类生长在豆荚的反面。我回信询问更多信息，因为我不明白这是什么意思。但是我很长时间没有收到任何答复。然后，我在两份报纸中看到，一份在肯特郡出版，另一份在约克郡出版，段落指出，"今年的咖啡豆生长在错误的一边"是一个最显着的事实。因此，我认为一定要有一定的基础，以便如此概括。因此，我去找我一个肯特郡老人的园丁，问他是否听说过任何事情

. 他回答说："哦，不，先生，这一定是错误的，因为豆子只会在错误的一面长出来。在年，而这不是年。" 然后我问他平时的成长情况以及年的成长情况，但很快发现他对他们的成长情况一无所知，但他坚持了自己的信念。

过了一段时间，我从第一位线人那里听到，他道歉很多，他说如果不听几个聪明的农民的话，他就不应该写信给我。但是他此后再次与他们中的每个人交谈，而且没有人至少知道他自己的意思。这样一来，一种信念（如果确实没有明确的主张就可以称为一种信念）几乎遍布整个英国，而没有任何痕迹。

在我的一生中，我只知道三个故意捏造的陈述，其中一个可能是一个骗局（并且有几个科学骗局），但是这些骗局却被美国农业杂志收录。它与荷兰的一种新牛种的形成有关，这种牛是通过不同种类的的杂交（我碰巧知道其中的一些是不育的）而形成的，因此作者无礼地声称他与我相对应，并且他的结果的重要性给我留下了深刻的印象。这篇文章是由一本英国农业杂志的编辑寄给我的，在重新发表之前征求我的意见。

第二种情况是作者从几种报春花种中培育出的几种变种，尽管它们的亲本植物都受到了精心保护，不易接触昆虫，但它们自发地产生了完整的种子。在我发现异体症的含义之前就发表了这个叙述，整个陈述肯定是欺诈性的，否则就忽略了如此严重而难以置信的昆虫。

第三种情况更奇怪：先生。于斯在他的"血缘婚姻"一书中发表了一位比利时作家的一些长篇摘录，他说，他以近代方式对兔子进行了很多代的繁殖，而没有造成最少的伤害。该账目在比利时皇家学会的最受人尊敬的杂志上发表；但是我无法避免感到怀疑-除了几乎没有任何意外之外，我几乎不知道为什么，而且我在饲养动物方面的经验使我认为这是非常不可能的。

所以我很犹豫地写信给范本宁教授，问他撰文人是否值得信赖。我很快就回答说，发现整个帐户都是欺诈，使社会震惊。（胡斯先生所依据的公开陈述是虚假的，他本人在书的所有副本中都插入了一张纸条，然后又未售出。）这名作家在日记中被公开质疑说他在哪里在进行实验的过程中居住并保存了他的大量兔子，实验必须耗费数年时间，并且无法从他那里得到答案。

我的习惯是条理分明的，这对我的特定工作没有多大用处。最后，由于不必自己赚面包，我有很多闲暇时光。即使病情已经消逝了我几年的生命，也使我摆脱了对社会和娱乐的干扰。

因此，据我所能判断，我作为科学人的成功，取决于我复杂和多样的心理素质和条件。其中，最重要的是-对科学的热爱-长期耐心思考任何主题-观察和收集事实的行业-以及相当多的发明和常识。凭借我所拥有的中等能力，我真的在相当重要的程度上影响了科学人的信念，这真是令人惊讶。

www.ingramcontent.com/pod-product-compliance
Lightning Source LLC
LaVergne TN
LVHW021735060526
838200LV00052B/3284